Pertenece a:

_____

LIBRETA DE MANIFESTACIÓN HAZ REALIDAD TUS SUEÑOS

¡Bienvenida, Bienvenido!

Si tienes la Libreta de Manifestación en tus manos, quiere decir que has decidido tomar la iniciativa y manifestar tu día a día de manera positiva.

Esta Libreta de Manifestación es una guía para poner por escrito tus pensamientos, enfocarte mejor en tus metas y aclarar las ideas.
Además de imaginar, soñar y desear hay que enfocar la intención para traer los sueños a la realidad, la libreta te facilitará el proceso.

Poco a poco irás creando el escenario para manifestar tus deseos, la Libreta de Manifestación te ayuda a plasmar tus sueños en acciones concretas, surgirán ideas creativas y caminos nuevos.

Cuando te conectas con tus deseos profundos, te alineas con el Universo y tu mente subconsciente se va adaptando al nuevo escenario que tu diseñas.

¿Quieres saber cómo funciona el proceso?

¡Sigue leyendo!

¿Cómo funciona la Libreta de Manifestación?

La Libreta de Manifestación te proporciona el espacio para escribir los deseos que quieres manifestar.

Cada día está organizado en 4 secciones, con preguntas sencillas que te ayudan a conectar con tus metas.

1. Agradecimiento.
2. Objetivos.
3. Puesta en marcha.
4. Expansión.

La Libreta de Manifestación está diseñada para que puedas completar las 4 secciones de manera ágil, en el momento del día más apropiado para ti.

Es importante que encuentres un sitio que te ayude a centrarte y estar en calma. Si es posible, haz una meditación antes de empezar.

1. Agradecimiento

¡Primero, dar gracias! El sentimiento de gratitud eleva tu energía y te transforma en un imán para atraer lo que deseas.

2. Objetivos

¿Qué deseas manifestar hoy?
¿Cómo quieres que sea tu día?

Piensa en tus sueños, objetivos y deseos, en todo aquello que pretendes manifestar y escríbelos.

Recuerda que tus metas deben ser positivas para ti y para los demás.

3. Puesta en marcha

¿Qué puedes hacer hoy para atraer lo que deseas?

Elige conscientemente las acciones concretas y crearás un poderoso sentido de compromiso y realismo.

4. Expansión

¡Deja volar tu imaginación y lánzate a escribir!

Cierra los ojos e imagina tu día como si tu deseo ya fuera una realidad y observa cómo te hace sentir.

¿Qué ves? ¿Qué sientes?¿Que escuchas?

¡Escríbelo!

¡Pon un sello personal a tu Libreta de Manifestación!

Collages, dibujos, frases. La libreta es un lugar para expresar tus pensamientos y emociones.

Olvida las reglas y juega con las ideas.

De vez en cuando vuelve a leer lo que has escrito y podrás comprobar cómo evoluciona tu capacidad de manifestar tus metas.

Recuerda que visualizar y utilizar afirmaciones de manera regular son dos técnicas que se complementan con el uso de la Libreta de Manifestación y aumentan su efectividad.

¡Crea un espacio sagrado y elige tus talismanes!

- Ten un bol de papelitos con frases inspiradoras para leerlas cuando te apetezca.

- Haz una lista de recuerdos agradables.

- Selecciona afirmaciones que te levanten el ánimo.

- Explora frente al espejo gestos corporales y pasos de baile que te hagan sentir fuerza.

- Rodéate de fotos, pinturas y dibujos que representen tu deseo.

- Una manera de elevar el ánimo inmediata y poderosa es la música. ¡Escucha las melodías que hagan cantar a tu corazón!

- Las flores, plantas y aromas te ayudan a empoderar el ambiente.

Ejemplo para los días de lluvia

A veces pasamos por épocas de dificultades y no nos sentimos con demasiada energía. ¡Es el momento de utilizar aún más la libreta!

- En la mesa ten a mano flores o una planta que te apetezca.

- Pon a tu alrededor fotos, libros, estatuillas o cualquier otro objeto que refleje los momentos de felicidad en tu vida.

- Elige melodías y aromas que te revitalicen.

- Mírate al espejo y sonríe agradeciendo ser como eres.

- Da gracias por algo pequeño pero importante: el café, las tostadas, la melodía que escuchas, etc.

- Dedica unos minutos a visualizar algo bonito: un paisaje, una amanecer, el mar.

Afirmaciones y Visualización

Puedes crear tus propias frases y afirmaciones inspiradoras como esta:

"Me lleno de energía con esta música mientras desayuno frente a estas rosas amarillas".

"Me rodeo de las personas y las situaciones que me ayudan".

Recuerda:

Los pensamientos se convierten en palabras, las palabras en acciones y las acciones en Destino.

¡Empieza a diseñar tu Destino!

Fecha_____

Doy gracias por:

_____
_____
_____

Mi deseo para hoy:

_____
_____
_____

¿Que puedo hacer hoy para atraer mis deseos?

_____
_____
_____

Reflexiones

_____
_____
_____
_____

¡Si puedo imaginarlo, puedo conseguirlo!

Doy gracias por:

_____

_____

_____

Mi deseo para hoy:

_____

_____

_____

¿Que puedo hacer hoy
para atraer mis deseos?

_____

_____

_____

_____

Reflexiones

_____

_____

_____

_____

_____

¡Si puedo imaginarlo, puedo conseguirlo!

Fecha_____

Doy gracias por:

_____
_____
_____

Mi deseo para hoy:

_____
_____
_____

¿Que puedo hacer hoy para atraer mis deseos?

_____
_____
_____

Reflexiones

_____
_____
_____
_____

¡Si puedo imaginarlo, puedo conseguirlo!

Fecha_____

Doy gracias por:

_____
_____
_____

Mi deseo para hoy:

_____
_____
_____

¿Que puedo hacer hoy
para atraer mis deseos?

_____
_____
_____

Reflexiones

_____
_____
_____
_____
_____

¡Si puedo imaginarlo, puedo conseguirlo!

Fecha_____

Doy gracias por:

_____
_____
_____

Mi deseo para hoy:

_____
_____
_____

¿Que puedo hacer hoy para atraer mis deseos?

_____
_____
_____

Reflexiones

_____
_____
_____
_____

¡Si puedo imaginarlo, puedo conseguirlo!

Fecha_____

Doy gracias por:

_____
_____
_____

Mi deseo para hoy:

_____
_____
_____

¿Que puedo hacer hoy para atraer mis deseos?

_____
_____
_____

Reflexiones

_____
_____
_____
_____

¡Si puedo imaginarlo, puedo conseguirlo!

Fecha_____

Doy gracias por:

_____
_____
_____

Mi deseo para hoy:

_____
_____
_____

¿Que puedo hacer hoy para atraer mis deseos?

_____
_____
_____

Reflexiones

_____
_____
_____
_____

¡Si puedo imaginarlo, puedo conseguirlo!

Fecha_____

Doy gracias por:

_____
_____
_____

Mi deseo para hoy:

_____
_____
_____

¿Que puedo hacer hoy
para atraer mis deseos?

_____
_____
_____

Reflexiones

_____
_____
_____
_____

¡Si puedo imaginarlo, puedo conseguirlo!

Fecha_____

Doy gracias por:

_____
_____
_____

Mi deseo para hoy:

_____
_____
_____

¿Que puedo hacer hoy
para atraer mis deseos?

_____
_____
_____

Reflexiones

_____
_____
_____
_____

¡Si puedo imaginarlo, puedo conseguirlo!

Fecha_____

Doy gracias por:

_____
_____
_____

Mi deseo para hoy:

_____
_____
_____

¿Que puedo hacer hoy
para atraer mis deseos?

_____
_____
_____

Reflexiones

_____
_____
_____
_____

¡Si puedo imaginarlo, puedo conseguirlo!

_____

_____

_____

_____

_____

_____

_____

_____

_____

_____

_____

_____

_____

_____

_____

_____

_____

_____

_____

_____

_____

Fecha_____

Doy gracias por:

_____
_____
_____

Mi deseo para hoy:

_____
_____
_____

¿Que puedo hacer hoy
para atraer mis deseos?

_____
_____
_____

Reflexiones

_____
_____
_____
_____

¡Si puedo imaginarlo, puedo conseguirlo!

Fecha_____

Doy gracias por:

_____
_____
_____

Mi deseo para hoy:

_____
_____
_____

¿Que puedo hacer hoy
para atraer mis deseos?

_____
_____
_____

Reflexiones

_____
_____
_____
_____

¡Si puedo imaginarlo, puedo conseguirlo!

Fecha_____

Doy gracias por:

_____
_____
_____

Mi deseo para hoy:

_____
_____
_____

¿Que puedo hacer hoy para atraer mis deseos?

_____
_____
_____

Reflexiones

_____
_____
_____
_____
_____

¡Si puedo imaginarlo, puedo conseguirlo!

Fecha_____

Doy gracias por:

_____
_____
_____

Mi deseo para hoy:

_____
_____
_____

¿Que puedo hacer hoy
para atraer mis deseos?

_____
_____
_____

Reflexiones

_____
_____
_____
_____

¡Si puedo imaginarlo, puedo conseguirlo!

Fecha_____

Doy gracias por:

_____
_____
_____

Mi deseo para hoy:

_____
_____
_____

¿Que puedo hacer hoy
para atraer mis deseos?

_____
_____
_____

Reflexiones

_____
_____
_____
_____
_____

¡Si puedo imaginarlo, puedo conseguirlo!

Fecha_____

Doy gracias por:

_____

_____

_____

Mi deseo para hoy:

_____

_____

_____

¿Que puedo hacer hoy para atraer mis deseos?

_____

_____

_____

Reflexiones

_____

_____

_____

_____

_____

¡Si puedo imaginarlo, puedo conseguirlo!

Fecha_____

Doy gracias por:

_____
_____
_____

Mi deseo para hoy:

_____
_____
_____

¿Que puedo hacer hoy
para atraer mis deseos?

_____
_____
_____

Reflexiones

_____
_____
_____
_____

¡Si puedo imaginarlo, puedo conseguirlo!

Fecha_____

Doy gracias por:

_____
_____
_____

Mi deseo para hoy:

_____
_____
_____

¿Que puedo hacer hoy
para atraer mis deseos?

_____
_____
_____

Reflexiones

_____
_____
_____
_____

¡Si puedo imaginarlo, puedo conseguirlo!

Fecha_____

Doy gracias por:

_____
_____
_____

Mi deseo para hoy:

_____
_____
_____

¿Que puedo hacer hoy para atraer mis deseos?

_____
_____
_____

Reflexiones

_____
_____
_____
_____
_____

¡Si puedo imaginarlo, puedo conseguirlo!

Fecha_____

Doy gracias por:

_____
_____
_____

Mi deseo para hoy:

_____
_____
_____

¿Que puedo hacer hoy
para atraer mis deseos?

_____
_____
_____

Reflexiones

_____
_____
_____
_____

¡Si puedo imaginarlo, puedo conseguirlo!

Fecha_____

Doy gracias por:

_____
_____
_____

Mi deseo para hoy:

_____
_____
_____

¿Que puedo hacer hoy para atraer mis deseos?

_____
_____
_____

Reflexiones

_____
_____
_____
_____

¡Si puedo imaginarlo, puedo conseguirlo!

Fecha_____

Doy gracias por:

_____
_____
_____

Mi deseo para hoy:

_____
_____
_____

¿Que puedo hacer hoy para atraer mis deseos?

_____
_____
_____

Reflexiones

_____
_____
_____
_____

¡Si puedo imaginarlo, puedo conseguirlo!

Fecha_____

Doy gracias por:

_____

_____

_____

Mi deseo para hoy:

_____

_____

_____

¿Que puedo hacer hoy
para atraer mis deseos?

_____

_____

_____

Reflexiones

_____

_____

_____

_____

_____

¡Si puedo imaginarlo, puedo conseguirlo!

Fecha_____

Doy gracias por:

_____
_____
_____

Mi deseo para hoy:

_____
_____
_____

¿Que puedo hacer hoy para atraer mis deseos?

_____
_____
_____

Reflexiones

_____
_____
_____
_____
_____

¡Si puedo imaginarlo, puedo conseguirlo!

_____

_____

_____

_____

_____

_____

_____

_____

_____

_____

_____

_____

_____

_____

_____

_____

_____

_____

_____

Fecha_____

Doy gracias por:

_____
_____
_____

Mi deseo para hoy:

_____
_____
_____

¿Que puedo hacer hoy para atraer mis deseos?

_____
_____
_____

Reflexiones

_____
_____
_____
_____
_____

¡Si puedo imaginarlo, puedo conseguirlo!

Fecha_____

Doy gracias por:

_____
_____
_____

Mi deseo para hoy:

_____
_____
_____

¿Que puedo hacer hoy
para atraer mis deseos?

_____
_____
_____

Reflexiones

_____
_____
_____
_____

¡Si puedo imaginarlo, puedo conseguirlo!

Fecha_____

Doy gracias por:

_____

_____

_____

Mi deseo para hoy:

_____

_____

_____

¿Que puedo hacer hoy para atraer mis deseos?

_____

_____

_____

Reflexiones

_____

_____

_____

_____

¡Si puedo imaginarlo, puedo conseguirlo!

Fecha_____

Doy gracias por:

_____
_____
_____

Mi deseo para hoy:

_____
_____
_____

¿Que puedo hacer hoy para atraer mis deseos?

_____
_____
_____

Reflexiones

_____
_____
_____
_____

¡Si puedo imaginarlo, puedo conseguirlo!

Fecha_____

Doy gracias por:

_____
_____
_____

Mi deseo para hoy:

_____
_____
_____

¿Que puedo hacer hoy
para atraer mis deseos?

_____
_____
_____

Reflexiones

_____
_____
_____
_____

¡Si puedo imaginarlo, puedo conseguirlo!

Fecha_____

Doy gracias por:

_____
_____
_____

Mi deseo para hoy:

_____
_____
_____

¿Que puedo hacer hoy para atraer mis deseos?

_____
_____
_____

Reflexiones

_____
_____
_____
_____

¡Si puedo imaginarlo, puedo conseguirlo!

Fecha_____

Doy gracias por:

_____
_____
_____

Mi deseo para hoy:

_____
_____
_____

¿Que puedo hacer hoy para atraer mis deseos?

_____
_____
_____

Reflexiones

_____
_____
_____
_____

¡Si puedo imaginarlo, puedo conseguirlo!

Fecha_____

Doy gracias por:

_____
_____
_____

Mi deseo para hoy:

_____
_____
_____

¿Que puedo hacer hoy
para atraer mis deseos?

_____
_____
_____

Reflexiones

_____
_____
_____
_____
_____

¡Si puedo imaginarlo, puedo conseguirlo!

Fecha_____

Doy gracias por:

_____
_____
_____

Mi deseo para hoy:

_____
_____
_____

¿Que puedo hacer hoy
para atraer mis deseos?

_____
_____
_____

Reflexiones

_____
_____
_____
_____

¡Si puedo imaginarlo, puedo conseguirlo!

Fecha_____

Doy gracias por:

_____
_____
_____

Mi deseo para hoy:

_____
_____
_____

¿Que puedo hacer hoy para atraer mis deseos?

_____
_____
_____

Reflexiones

_____
_____
_____
_____

¡Si puedo imaginarlo, puedo conseguirlo!

Fecha_____

Doy gracias por:

_____
_____
_____

Mi deseo para hoy:

_____
_____
_____

¿Que puedo hacer hoy para atraer mis deseos?

_____
_____
_____

Reflexiones

_____
_____
_____
_____

¡Si puedo imaginarlo, puedo conseguirlo!

Fecha_____

Doy gracias por:

_____
_____
_____

Mi deseo para hoy:

_____
_____
_____

¿Que puedo hacer hoy
para atraer mis deseos?

_____
_____
_____

Reflexiones

_____
_____
_____
_____

¡Si puedo imaginarlo, puedo conseguirlo!

Fecha_____

Doy gracias por:

_____
_____
_____

Mi deseo para hoy:

_____
_____
_____

¿Que puedo hacer hoy para atraer mis deseos?

_____
_____
_____

Reflexiones

_____
_____
_____
_____

¡Si puedo imaginarlo, puedo conseguirlo!

Fecha_____

Doy gracias por:

_____
_____
_____

Mi deseo para hoy:

_____
_____
_____

¿Que puedo hacer hoy
para atraer mis deseos?

_____
_____
_____

Reflexiones

_____
_____
_____
_____

¡Si puedo imaginarlo, puedo conseguirlo!

Fecha_____

Doy gracias por:

_____

_____

_____

Mi deseo para hoy:

_____

_____

_____

¿Que puedo hacer hoy para atraer mis deseos?

_____

_____

_____

Reflexiones

_____

_____

_____

_____

¡Si puedo imaginarlo, puedo conseguirlo!

Fecha_____

Doy gracias por:

_____
_____
_____

Mi deseo para hoy:

_____
_____
_____

¿Que puedo hacer hoy para atraer mis deseos?

_____
_____
_____

Reflexiones

_____
_____
_____
_____

¡Si puedo imaginarlo, puedo conseguirlo!

Fecha_____

Doy gracias por:

_____
_____
_____

Mi deseo para hoy:

_____
_____
_____

¿Que puedo hacer hoy
para atraer mis deseos?

_____
_____
_____

Reflexiones

_____
_____
_____
_____

¡Si puedo imaginarlo, puedo conseguirlo!

Fecha_____

Doy gracias por:

_____
_____
_____

Mi deseo para hoy:

_____
_____
_____

¿Que puedo hacer hoy
para atraer mis deseos?

_____
_____
_____

Reflexiones

_____
_____
_____
_____

¡Si puedo imaginarlo, puedo conseguirlo!

Fecha_____

Doy gracias por:

_____
_____
_____

Mi deseo para hoy:

_____
_____
_____

¿Que puedo hacer hoy
para atraer mis deseos?

_____
_____
_____

Reflexiones

_____
_____
_____
_____
_____

¡Si puedo imaginarlo, puedo conseguirlo!

Fecha_____

Doy gracias por:

_____
_____
_____

Mi deseo para hoy:

_____
_____
_____

¿Que puedo hacer hoy
para atraer mis deseos?

_____
_____
_____

Reflexiones

_____
_____
_____
_____

¡Si puedo imaginarlo, puedo conseguirlo!

Fecha_____

Doy gracias por:

_____
_____
_____

Mi deseo para hoy:

_____
_____
_____

¿Que puedo hacer hoy para atraer mis deseos?

_____
_____
_____

Reflexiones

_____
_____
_____
_____

¡Si puedo imaginarlo, puedo conseguirlo!

Fecha_____

Doy gracias por:

_____
_____
_____

Mi deseo para hoy:

_____
_____
_____

¿Que puedo hacer hoy
para atraer mis deseos?

_____
_____
_____

Reflexiones

_____
_____
_____
_____
_____

¡Si puedo imaginarlo, puedo conseguirlo!

Fecha_____

Doy gracias por:

_____
_____
_____

Mi deseo para hoy:

_____
_____
_____

¿Que puedo hacer hoy
para atraer mis deseos?

_____
_____
_____

Reflexiones

_____
_____
_____
_____

¡Si puedo imaginarlo, puedo conseguirlo!

Fecha_____

Doy gracias por:

_____
_____
_____

Mi deseo para hoy:

_____
_____
_____

¿Que puedo hacer hoy
para atraer mis deseos?

_____
_____
_____

Reflexiones

_____
_____
_____
_____

¡Si puedo imaginarlo, puedo conseguirlo!

Fecha_____

Doy gracias por:

_____
_____
_____

Mi deseo para hoy:

_____
_____
_____

¿Que puedo hacer hoy para atraer mis deseos?

_____
_____
_____

Reflexiones

_____
_____
_____
_____
_____

¡Si puedo imaginarlo, puedo conseguirlo!

Fecha_____

Doy gracias por:

_____
_____
_____

Mi deseo para hoy:

_____
_____
_____

¿Que puedo hacer hoy
para atraer mis deseos?

_____
_____
_____

Reflexiones

_____
_____
_____
_____

¡Si puedo imaginarlo, puedo conseguirlo!

Fecha_____

Doy gracias por:

_____
_____
_____

Mi deseo para hoy:

_____
_____
_____

¿Que puedo hacer hoy
para atraer mis deseos?

_____
_____
_____

Reflexiones

_____
_____
_____
_____

¡Si puedo imaginarlo, puedo conseguirlo!

Fecha_____

Doy gracias por:

_____
_____
_____

Mi deseo para hoy:

_____
_____
_____

¿Que puedo hacer hoy para atraer mis deseos?

_____
_____
_____

Reflexiones

_____
_____
_____
_____
_____

¡Si puedo imaginarlo, puedo conseguirlo!

Fecha_____

Doy gracias por:

_____
_____
_____

Mi deseo para hoy:

_____
_____
_____

¿Que puedo hacer hoy para atraer mis deseos?

_____
_____
_____

Reflexiones

_____
_____
_____
_____

¡Si puedo imaginarlo, puedo conseguirlo!

Fecha_____

Doy gracias por:

_____
_____
_____

Mi deseo para hoy:

_____
_____
_____

¿Que puedo hacer hoy para atraer mis deseos?

_____
_____
_____

Reflexiones

_____
_____
_____
_____

¡Si puedo imaginarlo, puedo conseguirlo!

Fecha_____

Doy gracias por:

_____
_____
_____

Mi deseo para hoy:

_____
_____
_____

¿Que puedo hacer hoy
para atraer mis deseos?

_____
_____
_____

Reflexiones

_____
_____
_____
_____

¡Si puedo imaginarlo, puedo conseguirlo!

Fecha_____

Doy gracias por:

_____
_____
_____

Mi deseo para hoy:

_____
_____
_____

¿Que puedo hacer hoy para atraer mis deseos?

_____
_____
_____

Reflexiones

_____
_____
_____
_____

¡Si puedo imaginarlo, puedo conseguirlo!

¡Felicitaciones por haber llegado hasta aquí!

Esperamos que la Libreta de Manifestación te haya servido como herramienta para diseñar la vida que deseas.

Para estar al tanto de nuestras novedades visita la web de Great Journals:

http://greatjournals.store

Made in the USA
Monee, IL
22 September 2021